AF431314

الأنف الأحمر

محمد آدم

الأنف الأحمر

مسرحــــية

إصدارات دائرة الثّقافة، حكومة الشارقة 2024 م

الناشر: دائرة الثقافة ـ حكومة الشارقة ـ الإمارات العربية المتحدة

الهاتف: 5123333 6 971+

البرّاق: 5123303 6 971+

الموقع الإليكتروني: www.sdc.gov.ae

البريد الإليكتروني: sdc@sdc.gov.ae

تصميم الغلاف: ضياء الدين الدوش

____

812.962

آ م. أ   آدم، محمد

الأنف الأحمر / محمد آدم.ـ الشارقة، الإمارات العربية المتحدة : دائرة الثقافة، 2024.

96 ص. ؛ 21X14 سم.

البحث الفائز بالمركز الأول بجائزة الشارقة للإبداع العربي في مجال المسرحية ، الإصدار الأول، الدورة 27، 2023.

1. المسرحيات العربية ـ مصر

2 ـ المسرحيات العربية

أ. العنوان

ب. جائزة الشارقة للإبداع العربي (27، 2023)

ISBN: 978-9948-762-959

الشخصيات

مهـرج 1#:	أربعيني، يُحاول أن يبدو هادئاً، يتوتر أمام أي محاولةٍ لتغيير الحال.
مهـرج 2#:	ثلاثيني، ويبدو عليه الحزنُ دائماً، يُطلق الدعابات أحياناً.
مهـرج 3#:	ثلاثيني، يدَّعي الرضا دائماً، لا يكفُّ عن المزاح.
النـاصـح:	ستِّيني، يحضر في موعد إلقاء النصيحة أو عند الضرورة.
الخـادم:	ثلاثيني، صامت متجمِّد الوجه.
الخـادمـة:	عشرينية، صامتة، لكن تنفلت منها تصرفاتٌ تشي عمّا بداخلها.
الكـاتـب:	أربعيني، يعتزُّ بقدراته، يميلُ إلى الحدة في معظم الوقت.

الـزوجــــة:	ثلاثينية، جميلة، جادة، مُناورة في نقاشاتها.
الفــــــاة:	عشرينية، عادية الجمال، حبيبة (مهرج 2#).

مجموعة من المهرجين والفتيات: من مختلف الأعمار، المهرجون جميعهم يرتـدون أقنعةً ما بين باسـمةٍ وحزينةٍ، والفتيات يرتدين ثياباً لامعةً مبالغاً فيها.

المشهد الأول

الزمان: غير مُحدد.

المكان: ساحة سيرك.

(المسرح ينقسم إلى مستويين: المستوى الأول في الأعلى ولا يظهر في البداية. المستوى الثاني في عمق ومقدمة المسرح، المنظر عبارة عن خيمةٍ تُوحي بأنها ساحة لألعاب السيرك ليست مكتملة ويبدو عليها الخراب، هناك خلف منتصف المسرح بقليلٍ عدة مقاعد قريبة من بعضها بشكلٍ غير مرتب؛ وفي الجانب الأيمن من المسرح نرى مقعداً آخر، وفي الجانب الأيسر مقعداً مقلوباً، وبعرض المسرح معلق حبل من حبال السيرك كان مخصصاً للدراجة ذات الإطار الواحد). (يمكن تأثيث الديكور حسب بيئة السيرك). (المهرجون الثانويون والفتيات يدخل أحدهم ويخرج في الخلفية دون صوت).

(تُسمع ضحكات جنونية، ثم يُضاء المسرح فنرى في المنتصف (مهرج #1) يجلس على أحد المقاعد يرتدي قناعاً على هيئة وجه مهرج مبتسم، يُمسك بالونات ويدبُّ الأرض بقدميه بالتبادل، ويبدو سعيداً، يفجِّر بالونة بالدبوس في يده فنعرف أنه نفس صوت الفرقعة السابقة، يضحك بجنون).

(يدخل (مهرج #2) إلى المسرح، يسير ببطءٍ وكتفاه متهدلتان، فيبدو في غاية الحزن، رغم أنه يرسم بالألوان شفتين متسعتين بما يجب أن يكون ابتسامة عريضة.. يجلس على مقعد بجوار (مهرج#1) في المنتصف). (إحدى الفتيات في الخلفية تلبس ثوباً برتقالياً، كلما تدخل تُحاول اختلاس إشارةٍ بيدها وهي تنظر نحو بطلي المشهد. يتوقف (مهـرج #1) عـن الدبِّ بقدميْه ويلتفت لزميله وهـو يميل بوجهه، ثم يميل أكثر بجذعه وهو يتأمله..).

مهـرج #1:   لمـاذا أنتَ حزين؟

مهـرج #2:   لقد أغرقتُ سرب النمل كله في الماء.

مهـرج #1:   (يشهق ويميل للوراء) ألن تكف عن تلك العادة السيئة؟

مهـرج #2:   ليس قبل أن تكف أنتَ عن عادتكَ السيئة. (يشير بيده إلى بقايا البالون المعلقة لا تزال في خيطها).

مهـرج #1:   لا أدري متى أتوقف!

مهـرج #2:   كذلك أنـا. (تمر لحظة صمت، يعتدل فيها (مهرج#1) في جلسته).

مهـرج #1:   ما الذي فعله النمل هذه المرة؟

مهـرج #2:   وضعتُ ثلاث ملاعق مِن السكر في الكوب،

وباكو من النسكافيه بمذاق البندق، ثم توجهتُ إلى الصنبور لأملأ الغلّاية بالماء، وعندما عدتُ إلى الكوب وجدتُه مليئاً بالنمل، فعدتُ به إلى الصنبور وفتحتُ الماء حتى فاض الكوب وأغرقتُ السرب كله في البالوعة.. وتابعتُه يختفي نملة نملة.

مهـرج #1: (يهرش في رأسه بإصبع واحد، ثم يهز رأسه نافياً) لا يمكن أن يدخل النمل بهذه السرعة إلى الكوب..

مهـرج #2: ماذا تعني؟

مهـرج #1: أعني أن النمل كان موجوداً في السكر منذ البداية..

مهـرج #2: (في حيرة) كيف؟! أنا أغلق البرطمان جيداً..

مهـرج #1: إلّا إذا كان النمل موجوداً في الكوب قبل أن تضع به السكر..

مهـرج #2: لا.. فأنا أغسل الكوب جيداً قبل الاستخدام وبعده.

مهـرج #1: بالطبع نستبعد أن يكون النمل بداخل باكو النسكافيه. وإلّا لكان ميّتاً. هذا منطقي.

مهـرج #2: (بغضب) سحقاً للنمل..

مهـرج #1:   عليكَ أن تنتبه! أنتَ تهدر الكثير مِن السكر هكذا..

مهـرج #2:   ليس السكر فحسب، بل أيضاً النسكافيه بمذاق البندق الذي أحب.

مهـرج #1:   المهم.. عليكَ أن تكف عن ذلك!

مهـرج #2:   (بغضب) ليس قبل أن يكف النمل عن أفعاله.

مهـرج #1:   (يثبت القناع على وجهه أكثر) لا عليكَ.. اهدأ!

(بظل (مهـرج #2) حزيناً لا يتحرك، ولا ينفرج حاجبـاه، بينما ينهـض (مهرج #1) عـن مقعده ويلتفت نحو (مهرج #2)).

مهـرج #1:   انتظرني قليلاً..

(يغادر (مهرج #1) المسرح ويعود بعد قليلٍ وفي يده صندوق مستطيل يضعه بينهما).

مهـرج #2:   ما هذا؟

مهـرج #1:   فرصة مناسبة لكي أعلّمكَ لُعبة النَّرْد التي طالما رفضتَ أن أعلمكَ إيّاها.

((مهرج #2) يتأمل (مهرج #1) وهو يقلب شفته السـفلى فتتحول الابتسامة المرسومة على وجهه إلى شــكل لا صلة له بــأي تعبير معروف، ولكن

(مهرج #1) يتجاهله وينظر إلى القطع ويمسك النَّرْد في يده).

النَّرْد يا صديقي لعبة صنعها الفُرْس مثالاً للدنيا، وتقلّبها بأهلها واختلاف أمورها.. (يشير بإصبعه إلى اللوح) هذه الأبيات رتّبت اثني عشر بيتاً بعدد شهور السنة. (يُمسك بإحدى القطع) والقطعة التي بيدي تُمثّل الأيـام، فجُعلَت القطع ثلاثين قطعة بعدد أيام الشهر.. (يضع القطعة مكانها، ويمسك بالفَصّين بين إبهامه والسبابة والوسطى) وهذان الفَصّان بمثابة الأفلاك، والنقط فيها بعدد الكواكب السيّارة، كل وجهَين فيها سبعة.. (يقبض على الفَصّين، ويهزّ يده ويلقي بهما على اللوح) نرميها هكذا، مثل تقلّبها ودورانها، وما يأتي به اللاعب من رميه الفَصّين مِن أعداد كالقضاء والقدر، تارة له، وتارة عليه.. (يحرّك القطع حسب الأعداد التي قرّرها فصّا النَّرْد) ويحرّك اللاعب القطع طبقاً لما جاء به الفَصّان.. (يبتسم وهو ينظر إلى مهرج #2) إنّ الفطنة والحذر لا يُجديان اللاعب، إلّا إذا أسعده الحظ والقدر، ولكن يُمكن لمَن يَملك بُعد النظر أن يتحايل على خَصْمِهِ حتى ينال منه ويهزمه.

مهـرج #1:

(يبــدو (مهــرج #2) منتبهاً، يُمعن فــي كل كلمة ينطق بها (مهرج #1)).

(تُسـمع أصوات جلبــة قادمة مــن الكواليس، لا يمكن تحديد ما يُقال).

(يدخل عددٌ من المهرجين إلى المسـرح يحملون (مهـرج #3) على الأكتاف ويهتفون «اوه اوه»، وهـو يلـوِّح بذراعيـه ويتمايل ويرفـس برجليه فوق أكتافهم، بينمـا يطوفون به عدة مرات على المسرح).

(يضيـق مَن يحملونه بحركتـه الكثيرة، فينزلونه من فـوق الأكتـاف ويتركه الجميـع منصرفين، فيتوجهــه ببطءٍ وهو يسـير متراقصاً نحو (مهرج #1) و(مهـرج #2)، ينظر إليهمـا ويتمايل يميناً ويساراً).

مهـرج #2:   (مستنكراً) تُرى ما بطولة اليوم؟

مهـرج #3:   (بفخر) بينما كنتُ أقرأ في كتاب...

مهـرج #1:   (باستخفاف) أوووه! أوتجيد القراءة أيضاً؟

مهـرج #3:   بالطبع.

مهـرج #1: أكمل.. أكمل..

مهـرج #3: سمعتُ صرخة زوجتي قادمة مِن الحمَّام.. ثم إذ بها تهرع نحوي في فزع.. وقالت مستغيثة.. (يقلدها) صرصور.. صرصور.. أرجوكَ يا حبيبي اقتل الصرصور الذي بالحمام!..

مهـرج #1: (ينهض ببطء) قتلتَه؟

مهـرج #3: (في فخر) بلى.

(ينظــر (مهــرج #1) إلى (مهــرج #2) الذي يهزّ كتفيه).

مهـرج #2: لستُ وحدي مَن يقتل الحشرات.

مهـرج #1: (متهكماً) كيف طاوعكَ قلبكَ أيها المجرم؟

مهـرج #3: في الحقيقة كنتُ مضطراً.

مهـرج #1: كيف؟

مهـرج #3: لو لم أفعل ذلك لما قضَت زوجتي حاجَتَها.. ولم تكن لتعدَّ لنا العشاء.

مهـرج #2: ماذا لو لم تنقذها مِن الصرصور؟

مهـرج #3: كانت ستطردني مِن المنزل.

مهـرج #2:   (متعجباً) تطردكَ؟!

مهـرج #3:   وماذا تظن غير ذلك؟

مهـرج #2:   أولستَ بمسيطرٍ عليها؟

مهـرج #3:   مسيطر؟! وماذا تعني تلك الكلمة مع النساء؟

مهـرج #2:   أنتَ الرجل.. عليكَ أن تكون حازماً مع النساء.

مهـرج #3:   هذا ليس في كوكبنا..

مهـرج #1:   ألم يكن هناك حلٌّ آخر إلّا قتل الصرصور؟

مهـرج #3:   (يشيح نافياً) لا.. لا..

مهـرج #2:   خيراً فعلتَ يا صديقي.

مهـرج #3:   أشكركَ.

مهـرج #1:   (يرفع القناع قليلاً وينظر من تحته إلى مهرج #2) متى تتغلب على مخاوفكَ يا صديقي وتقوم بعرضكَ مِن جديد؟

مهـرج #2:   (يسكت لحظة لاستيعاب تغيير الحديث، ثم يشيح برأسه نافياً) لن أصعد على ذلك الحبل مرة أخرى، ولن أركب الدراجة ذات العجلة الواحدة ما حييتُ.. لن أتحمّل السقوط مجدداً..

مهرج #1: (تتحوّل نبرته للتعاطف) هوّن عليكَ يا صديقي.. أنا أيضاً لم أعد أستطيع القيام بالعرض.. (يُعيد القناع على وجهه) بعد الحادث، فقدتُ القدرة على تقاذف الكرات بمهارة وإسعاد الجماهير..

مهرج #3: (يتنهد في مرارة) لستما أكثر تعاسة مِن المهرج الذي فقد القدرة على التكلم مِن بطنه، فأصبح تحريكه للعرائس القفازية بلا معنى..

مهرج #2: (ينظر إلى (مهرج #3) ويجذبه ليجلس مكانه، بينما يقوم هو ويتجه إلى حافة المسرح) ماذا كنتَ تقرأ؟

مهرج #3: كنتُ أقرأ عن....

(تُسمع صوت صافرة إنـذار مزعجة، فيتحرَّك المهرجون الثلاثة على المسرح بعشوائيةٍ وكأنهم يُحاولون الفِرار من شيءٍ ما).

(إظلام على المسرح حيث خيمة السيرك).

(يُضـاء المسـتوى العلـوي من المسـرح حيث المكتـب، حيث يقف الكاتب فـي ناحيةٍ من مكتبه ويمسك بورقةٍ وفي الناحية الأخرى الزوجة تقف منصتة له).

الكــــاتــــب:	يتحرَّك المهرجون الثلاثة على المسرح بعشوائيةٍ وكأنهم يُحاولون الفِرار من شيءٍ ما.. ها.. ما رأيكِ يا عزيزتي؟
الــزوجــة:	رأيي في ماذا؟
الكــاتــب:	في ما كتبتُ.
الــزوجــة:	لم تتضح الرؤية بعد.
الكــاتــب:	وكبداية؟
الــزوجــة:	مممم.. لا بأس بها..
الكــاتــب:	وما الذي لا يُعجبكِ؟
الــزوجــة:	لا أنكر أنَّ تصوُّركَ للديكور بهذا الشكل يعجبني.. وأنني متشوقة لمعرفة ما سيحدث.. وكتابتكَ لشرح لعبة النرد بسيطة وجعلتني أريد أن أتعلمها، وستكون هذه مهمتكَ بعد أن تنتهي مِن كتابة المسرحية.. لكن ما شأني بمشكلة المهرج مع النمل؟.. لماذا عليه أن يلقي باللوم على النمل، يجب أن يكون به شيء ما، لم نكتشفه بعد.
الكــاتــب:	لا أفهمكِ تماماً، لكن ماذا أيضاً؟..
الــزوجــة:	(تقتّرب من كرسي وثير، وتجلس عليه بهدوء)

لا يُعجبني أن تتنمّر بهذا الشكل على خوفي مِن الصراصير.. استغلالٌ لن أسامحكَ عليه..

الـكـــاتـــب: (يبتسم) على الكاتب أن يستغل أي شيءٍ مِن أجل الكتابة.

الـزوجـة: حتى الحياة الزوجية؟!

الـكـــاتـــب: والحياة الشخصية..

الـزوجـة: أنتَ حرٌّ في حياتكَ الشخصية.. لكن الزوجية ليست مِن حقكَ وحدكَ.. هناك طرف آخر لديه مقدار ما لديكَ مِن حق..

الـكـــاتـــب: أوافقكِ في تلك النقطة..

الـزوجـة: بالطبع.. (تنهض وتهمُّ بالمغادرة) طابت ليلتكَ أيها.. الكاتب.

الـكـــاتـــب: (يبتسم) طابت ليلتكِ أيتها الطبيبة.

(إظـــلام)

المشهد الثاني

(المهرجــون الثلاثـة يقفون في صفٌّ واحدٍ انتباهاً، يدخل (الناصح) في زيِّــه الدَّاكن بخطواتٍ وقـورةٍ، وخلفه (الخـادم) يحمل على يديْه علبــة بيتزا، وخلفه (الخادمة) تحمل قارورةً كبيرةً من المياه الغازية، حتـى يقف (الناصح) على مقربةٍ من المهرجين الثلاثة حيث جميعهم مُطرقون، يدورُ حولهم بذات الخطوات، ويقف الخادم والخادمة بعيداً عن مساره..).

<table>
<tr><td>النـــاصـــح:</td><td>(يبتسم) طاب مساؤكم إخوتي الأعزاء..</td></tr>
</table>

النـــاصـــح: (يبتسم) طاب مساؤكم إخوتي الأعزاء..

المهرجون: (في صوتٍ واحدٍ) طاب مساء نيافتكَ.

النـــاصـــح: معالي «الأنـف الأكبر» يُرسل إليكم تحياته والعشاء الذي تفضلونه.

المهرجون: (في صوتٍ واحدٍ) ليحيا سيدنا «الأنف الأكبر» في رغدٍ مِن العيش.. وطال بقاؤه عمراً مديداً مديداً..

(يشير (الناصح) إلى (الخادم) فيضع البيتزا على الأرض، ثم يشير إلى (الخادمة) فتضع القارورة إلى جوار البيتزا).

(يمـدُّ (الناصـح) يـده نحـو المهرجيـن الثلاثة، فيهرعون إليه على الترتيب ويقبّل كل واحد منهم يده ويذهب نحو البيتزا).

النـــاصـــح: (يصفق بحماسةٍ) والآن أترككم في أمان.. طابت ليلتكم.

المهرجون: (في صوتٍ واحدٍ) طابت ليلتكَ نيافتكَ..

(ينصرف (الناصح) وينفخ (الخادم) في صافرته ويغادر المسـرح، وخلفه تتأخـر (الخادمة) قليلاً وعيناهـا معلقتـان بالبيتزا، لكنها تتدارك نفسـها وتسرع خلفهما بخطواتٍ آلية).

(يتحلّق المهرجون الثلاثة مقرفصين، لا يجلسون تمـام الجلوس، ويقتسمون الطعام في نهم).

مهـرج #3: يا له مِن كريم..

مهـرج #2: لا أعتقد أنه كذلك.. أشعر بالخوف كلما سمعتُ الصافرة تـدوِّي.. وأشعر بالخوف أكثر في وجوده..

مهرج #1: أخفض صوتكَ.. ألا يكفيكَ أنه يُحضر لنا الطعام كل يوم؟

مهـرج #3: أصبتَ القول يا زميل التهريج.. وجود الطعام يجُبُّ أي شيءٍ آخر..

مهـرج #2: أخالفكما الرأي.. أشعر تجاهه بشيءٍ لا يُريحني..

مهـرج #1: عليكَ أن تتغاضى عن أي شيءٍ آخر.. فالطعام موجود.. والشراب كذلك..

مهـرج #3: ليس كأي طعام.. وليس كأي شراب.. البيتزا التي نُحب.. والمياه الغازية التي نُفضّل.. ماذا نريد بعد؟!

مهـرج #1: بالنسبة إليَّ هذا يكفي..

مهـرج #2: (إلى مهرج #1) أنتَ حرٌّ في رأيكَ يا.. «زميل التهريج» (يضغط حروفها جداً).. (إلى مهرج #3) وأنتَ كذلك..

مهـرج #3: أشكركَ يا مهرج..

مهـرج #2: (يتأفف طويلاً ويُعطيهما ظهره) أمَّا بالنسبة إليَّ.. أريد أن أرى شيئاً مختلفاً عن خيام السرادق الذي لا أول له ولا آخر.. أريد أن أرى سماءً حقيقية وأطلق لساني للثرثرة.. أشم هواء نقياً حقيقياً يحمل إلى أنفي عطراً ساحراً.. أركض كالخيل على سفح صفحةٍ خضراء لا حدَّ لها ويدي

تتشابك مع... أتفهمون؟ أريد أن أشعر بالـ..

مهـرج 1#: (يقفز من مكانه ويُحاول أن يغلق فم (مهرج 2#) بكفَّيه) لا تقل تلك الكلمة أبداً..

مهـرج 2#: (يُبعد (مهرج 1#) عنه في ضيقٍ ويخرج صوته حاداً لكنه خافتاً) ولمَ لا؟

مهـرج 1#: الحائط له آذان.. والخادمان بأربع آذان.. ولو سمعَتكَ أي مِن تلك الآذان لن ترى النور مرةً أخرى، وقد لا نستطيع معرفة أي شيءٍ عنكَ..

مهـرج 2#: (يضحك متهكماً) وما الفارق؟ في كل الأحوال لا نرى نوراً حقيقياً.. حتى الطعام.. البيتزا التي نأكل.. خبز لا مذاق له.. والمياه الغازية.. لا تروي.. والحياة التي نحياها نحياها مُجبرين؛ لم نجد اختياراً آخر..

مهـرج 1#: (يخفض صوته وتتحوَّل نبرته إلى الرجاء) كفى يا «صديقي».. كفى إلى هذا الحد..

مهـرج 3#: (إلى مهرج 2#) معذرة يا مهرج.. الكلمة التي كنتَ تريد قولها.. هي التي فهمتُ!..

مهـرج 1#: (إلى مهرج 3#) ششش.. لا تتحدث عن ذلك مرةً أخرى.. (إليهما) أرجوكما..

مهـرج #2: (ينـظر لأعـلـى) السمـاء هنـاك خلف تلك الأقمشة الغليظة.. تُرى أهناك قمر الليلة؟ لعلَّه حزيــــن..

مهـرج #3: (يفتح عينيْه ويرفع حاجبيْه ويفتح ذراعيْه عن آخرهما ويتجه إلى مهرج #2) أتذكر قصة قُبّة السماء التي قصصتُها عليكَ مِن قبل؟

مهـرج #2: (يبتسم ابتسامةً منكسرةً) بالطبع..

مهـرج #3: (يعتدل ويتوجه إلى مهرج #1) سنقُصُّ عليكَ قصة قُبّة السماء..

مهـرج #1: (يهز رأسه، ولا يظهر انفعاله من وراء قناعه، إلا أن تنهيدة عالية تشي بأنه ارتاح أخيراً بفكرة قص الحدوتة بديلاً عن نقاشٍ خطر) حسناً، أسمِعاني..

مهـرج #3: يُحكى أنَّ.. الأمير الكيميتيّ وافق على عرض «ڤاكخوس» (المزهر، إله الخمر والنشوة وابن «زوس» سيد علياء أوليمبوس) الذي اتسعت ابتسامته وصفَّق بيديْه فحاوطتهما هالةٌ ذهبيةٌ.. بدأ القلق يعتري الأمير، فنظر إلى «ڤاكخوس» الذي قال بثقةٍ: (يُغيّر صوته) «لا تقلق، ستكون في معيّتي حتى نصل إلى قُبّة سماء أوليمبوس

بسلام» .وداخل الهالة الذهبية، راح «ڤاكخوس» يرتفع عن الأرض في مشهد أسطوري..

مهـرج #2: (يهيم رائحاً وغادياً في ساحة السيرك) وإلى جـواره الأمير الـذي كان متعجباً، ينظر إلى السُّحب مِن حولهما في انبهار مَن لا يُصدِّق حقيقة ما يرى. فغر فاه الأمير وحدَّقت عيناه مأخوذتين، حين رأى جسداً عملاقاً مفتولاً يملأ الأُفـق، فالتفت إلى «ڤاكخوس» سائلاً: (يُغيِّر صوته) «مَن هذا؟»..

مهـرج #3: المارد «أتلاس»..

مهـرج #2: وماذا يفعل؟

مهـرج #3: بعد انتصار أبي «زُوس» في الحرب العظمى على الـ «تيتانومخيا» المَرَدَة مِن الجبابرة القديمة، في «ثيساليا»؛ حكم عليه بأن يحمل السماء طوال حياته.

مهـرج #2: لماذا؟

مهـرج #3: لأنَّ «أتلاس» كان في صفِّ المَرَدة في سنوات الحرب العشر.. ولأنَّه الأقوى، أراد أبي أن يجعله عبرةً.

مهـرج #2:   ألا يشعر بالتعب؟

مهـرج #3:   بالطبع يشعر.. في إحدى المرات التي شعر فيها بالتعب، مالت السماء منه قليلاً، فتغيَّر الطقس.

مهـرج #2:   وإلى متى يظل هكذا؟

مهـرج #3:   لا أحد يعلم ذلك إلَّا والدي «زُوس»..

مهـرج #2:   سكت الأمير الكيميتي قبل أن يقول: «لأخبركَ بقصةٍ أخرى.. قام «رَع» بوضع «شو» الهواء ليفصلَ بين «نُوت» السماء، و«جب» الأرض، بعدما عرف بعشقهما».

مهـرج #3:   ابتسم «ڤاكخوس» وقال: «لا عجب.. ستسمع الكثير مِن الحكايات حول ذلك».

مهـرج #2:   أومأ الأمير الكيميتي متفهماً وهو يقول: «الآن أيقنتُ أنَّ قبة سماء كيميت تختلف عن قبة سماء هيلاس».. وأخذ يُتابع اللحية الرمادية وعضلات الذراعين مشدوهاً.

مهـرج #3:   إلى هنا تنتهي حكاية الليلة.. إلى اللقاء..

مهـرج #1:   (يصفق بحماسةٍ ويضحك) رائع.. أحسنتما.. لكن عليكما أن تعرفا أنها مجرد أساطير.

(يبتسـم (مهرج #1) وهـو ينظر إليهمـا، بينما (مهـرج #3) يقوم ببعض الحـركات المضحكة، فتتحـوَّل ابتسـامة (مهرج #1) إلـى ضحـك، و(مهـرج #2) يتنقـل بناظريـه بينهما ويضحك بآليـةٍ لا بهجـة فيها، لكنهم شـيئاً فشـيئاً يغرقون جميعـاً في نوبة ضحـك هيسـتيرية طويلة.. حتى يخرس ضحكهم صوت عـواء قوي).

مهـرج #1:   (ينتفض) أتسمعان هذا العواء؟

مهـرج #3:   (يتحرَّك على يديْه وقدميْه كالقرود متجهاً إلى جانب المسرح ليلتصق بالجدار) أجل.. أجل.. إنَّه قريبٌ جداً..

مهـرج #2:   كان عشاؤنا بيتزا.. وربما سنكون نحن عشاءً للذئب.. أتراه وحده، أم يلحق به باقي القطيع؟ هل سيحبون طعم البيتزا الناضح منَّا؟

مهـرج #3:   (يضحك ضحكة مرتعشة وهو يخبط بيده على جبهة مهرج #2) رائع.. لم أكن أعلم أن لديكَ هذا الحس القوي للدعابة يا مهرج..

مهـرج #2:   (ينحني متهكماً) مِن بعض ما عندكم..

مهـرج #3:   استمر.. سنكوِّن ثنائياً عظيماً..

مهـرج #1: 	 كفاكما.. لا وقت للمزاح.. (يتحمَّس كأنما قد وجد الحل) إذا أوقدنا النار لن تقترب الذئاب منا.. (لحظات صمت وترقب..).

مهـرج #3: 	 قد لا يكون ذئباً.. فقد يكون القمر الليلة بدراً..

مهـرج #1: 	 ماذا تقصد؟

مهـرج #3: 	 قد يكون مذؤوباً..

مهـرج #1: 	 أتصدّق تلك الخرافات؟

مهـرج #3: 	 ليست خرافات..

مهـرج #1: 	 (يشير بسبابته في تحدٍّ) كيف تثبت ذلك؟

مهـرج #3: 	 قرأتُ مِن قبل قصيدة «في السهول الصامتة» للشاعر الروماني «أوڤيد».. تقول الأسطورة أنَّ «لايكون بن بلاسيو» كان مَلك أركاديا.. قام ببناء معبد لتكريم «زُوس»، الذي قبِل دعوته وحضر للاحتفاء بمعبده الجديد.. قدم المَلك لـ «زُوس» وجبة مِن بقايا صبيٍّ بشري تمَّت التضحية بـه.. لكن ذلك لم يُعجب «زُوس» وغضب أشـد الغضب.. لذلك دمَّر مملكة «لايكون» بالصواعق.. وعاقبه بأن لعنه وحوَّله إلى ذئبٍ

هو وكل أبنائه.. ليصبح «لايكون» مَلك أركاديا أول مذؤوب في عالم البشر، يختبئ في الغابات طوال الشهر، وعند اكتمال القمر يخرج للصيد.

مهرج #1: (يشرد عن صاحبيه وهو يضع كفه اليسرى وراء أذنه منصتاً) رحل الذئب.. أشكركَ على القصة التي لا تثبت أيَّ شيء.. إنها أسطورة كمعظم الحكايات التي تحكيها للجماهير..

مهرج #3: (يضحك في مرح) لكن لا تنكر أنها جميلة وملهمة..

مهرج #1: (ساخراً) بالطبع..

(يُسمع من جديدٍ صوت صافرة إنذار مُزعجة، فيتقافز المهرجون الثلاثة، ويهرع كل مهرج إلى مكانه للنوم على الأرض متخذين وضعية الجنين).

(إظلام على المسرح حيث خيمة السيرك).

(يُضاء المستوى العلوي من المسرح حيث المكتب، حيث الكاتب يقف مستنداً إلى حافة مكتبه، بينما جلست زوجته في مكانه السابق، وقد عقدت يديها على المكتب ومضت تنظر إليه بجدية).

الكـاتــب:	ها.. ما رأيكِ الآن؟
الـزوجــة:	الحكايات التي يقصُّونها جميلة، لكنها تُقاطعني.. هي لطيفة، والرمز غير شاق على الفهم؛ لكنني بدأتُ أفقد انجذابي للقصة الرئيسية، وشردتُ أكثر مِن مرة مع الحكايات الأسطورية..
الكـاتــب:	(يرفع سبابته ويهزُّ رأسه) هذه ملاحظة جيدة، سأعمل على ألَّا يحدث ذلك في المشاهد التالية.. أهناك شيءٌ آخر؟
الـزوجــة:	ما رأيكَ في إضافة صندوقٍ كبيرٍ يوضع في منتصف المسرح؟
الكـاتــب:	لماذا؟
الـزوجــة:	لكي يُخرج المهرجون منه الأدوات المستخدمة في مناطق التجسيد.. ولاستخدام العرائس القفازية، وتبديل الملابس..
الكـاتــب:	واو! رائع.
الـزوجــة:	(تضحك) أعرف (تتثاءب) حظُّ سعيد..
الكـاتــب:	إلى أين؟
الـزوجــة:	إلى الفراشِ..

الكـاتـب: الآن؟ أليس مبكراً؟

الـزوجـة: بل هو التوقيت الأنسب بالنسبة لطبيبة عادت مِن دوامها قبل قليل، لتجد أن عليها الاستماع إلى زوجها الكاتب وهو يقرأ عليها ما كتب في المشهد الجديد..

الكـاتـب: أوه! حسناً.. طابت ليلتكِ عزيزتي..

الـزوجـة: (تقوم) وليلتكَ عزيزي..

(إظـــلام)

34

المشهد الثالث

(المهرجـون الثلاثة يقفون فـي صفٌّ واحدٍ انتباهـاً، وظهورهم نحو الصندوق الذي توسَّط المسرح، يدخل (النـاصــح) وخلفه (الخادم) و(الخادمة) وكل واحـد منهم يحمل بالونات، يعطونها إلى المهرجين الثلاثة).

النـاصــح: (يبتسم) طاب صباحكم إخوتي الأعـزاء.. لا تقلقوا.. ليس موعد النصيحة.. جئتُ للتذكِرة.. أذكركم كيف تكونون مهرجين جيدين في بلديتنا الجميلة.. بلدية الأنف الأحمر.. لنتذكر معاً..

المهرجـون: (في صوت واحد) تفضَّل نيافتكَ!

النـاصــح: قبل أن أكون ناصحاً كنتُ مهرجاً مخلصاً.. التزمتُ بناموس السيرك الأكبر.. ولطالما تمنيتُ بأن أكون مهرجاً مِن الدرجة العليا.. بينما تمنَّى رفاقي أن يمتهنوا مهناً أخرى.. أتعرفون لماذا تمنيتُ أن أكون مهرجاً؟

المهرجـون: (في صوت واحد) لماذا نيافتكَ؟

الناصـح: لنشر البهجة والسرور في قلوب المتفرجين.. فالمهرج يا إخوتي صاحب مهنة عالمية، وظيفتها إدخال الفرحة إلى قلوب الناس وإضحاكهم بشتى السبل الممكنة.. هذه مهمة في غاية الرقي إذن. هيا بنا نتذكر معاً؛ ما القاعدة الأولى؟

مهـرج #1: علينا ارتداء الملابس المبهجة الفضفاضة متعددة الألوان..

الناصـح: رائع.. (يشير إلى مهرج #2) والقاعدة الثانية؟

مهـرج #2: أن نرسم بالمساحيق شكلاً مضحكاً على وجوهنا.

الناصـح: أحسنتَ.. (يشير إلى مهرج #3) والثالثة؟..

مهـرج #3: أن أقنع أحد أصدقائي بأن يكون معاوناً لي، فمهرِّجان أفضل مِن مهرِّج واحد، وثلاثة أفضل؛ لأنَّ الحبل المكون مِن ثلاثة خيوط لا ينقطع سريعاً.

الناصـح: ممتاز.. (يسأل وهو يُغمض عينيْه ويفتح ذراعيْه لا ينظر لأحدهم) والرابعة؟..

مهـرج #1: ابتكار العرض الجديد.. مثلاً، اختلاق مشكلة يفشل المهرج بشكلٍ مضحكٍ في تخطِّيها..

النـــاصــح: (يفتح عينه وينظر إلى مهرج #1 في ضيق) اذكر مثالاً يا أخي!..

مهـرج #1: كلما أمسك ببالونة تنفجر منه..

النـــاصــح: قديمة، لكنها دائماً ملهمة.. لا تنسَ النهاية غير المتوقعة مع خلفية موسيقية سعيدة.

مهـرج #1: أمر نيافتكَ.

النـــاصــح: (يستدير عنه ويشير برأسه إلى مهرج #2) أخبرني بالخامسة..

مهـرج #2: ألعاب الخفة.. خطر، لكن الفشل فيها يُدهش الجميع ويثير الضحك..

النـــاصــح: (يرفع إبهامه في تقدير للإجابة، ويزول الضيق عن وجهه غير منتبهٍ للحزن في نبرة مهرج #2) رائع.. (يتنهد ويتجه بنظره إلى مهرج #3) والسادسة..

مهـرج #3: عدم إعادة نفس العرض على نفس الجمهور..

النـــاصــح: ممتاز.. الآن أخبروني في صوتٍ واحد بالسابعة..

المهرجون: (في صوتٍ واحدٍ) التدريب أمام الأصدقاء جيداً قبل العرض أمام الجماهير..

النـــاصـــح:	(يصفق بلا حماس) أحسنتم.. ولا ننسى أن..

المهرجــون:	(في صوتٍ واحدٍ) نتحلَّى بروح المهرج ونكون في غاية المرح..

النـــاصـــح:	عال.. وعلينا الحذر مِن..

المهرجــون:	(في صوتٍ واحدٍ) القيام بحركاتٍ بهلوانيةٍ خطيرةٍ وإخافة الأطفال..

النـــاصـــح:	ممتاز.. ممتاز.. والآن أترككم في أمان.. عمتم صباحاً.

المهرجــون:	(في صوتٍ واحدٍ) عمتَ صباحاً نيافتكَ..

(ينصــرف (الناصـــح)، وخلفه (الخـــادم) وخلفه (الخادمـــة) تحمل بالوناً أخيراً، فيسـرع (مهرج #3) وراءهـا ويخطفه من يدهـا، فيتغير وجهها لحظـة واحدة، ثم يعود لجموده وتسرع للخارج بخطواتٍ آلية).

(المهرجــون الثلاثـة ينامون علــى الأرض في وضعية الجنين).

مهـرج #2:	كم نحن ضعفاء ومثيرون للشفقة..

مهـرج #1:	لماذا تقول ذلك؛ بل أنتَ مهرج مثير للضحك وليست الشفقة؟

مهــرج #2:   لكننا لسنا في العرض.. نحن نثير الشفقة لأنه لا مفر لنا مِن الإذعان..

مهــرج #1:   الكون يحتاج إلى مَن يديره بنظامٍ دقيقٍ لإحداث التوازن..

مهــرج #2:   (ينهض جالساً) لقد سئمتُ مِن تلك الحياة.. لم أعد أطيق نفسي..

مهــرج #3:   (يتململ) وأنا أيضاً مثلكَ..

مهــرج #2:   أريد الرحيل مِن هنا..

مهــرج #3:   (يعتدل بسرعةٍ جالساً، ويخفض صوته وتظهر اللهفة في نبرته) خذني معكَ يا صديقي..

مهــرج #1:   (ينقلب على جانبه الآخر معطياً ظهره لهما، ويصدر صوتاً تهكميّاً) كفاكما.. لم يبتعد «الناصح» كثيراً..

مهــرج #2:   (يقف) ومَن يُبالي؟.. حتى وإن سمع.. لم أعد أخشى شيئاً..

مهــرج #3:   (يعود إلى نومته ويغطي وجهه بكفيه) لكنني أخشى شيئاً..

مهــرج #2:   ماذا تخشى؟

مهرج #3: لا أدري.. أليس على كلٍّ منا أن يخشى شيئاً؟

مهرج #1: (يتثاءب ثم يستدير إليهما قليلاً برأسه فقط) إلى أين تريد الذهاب يا صديقي؟

مهرج #2: إلى بعيدٍ.. بعيد جدّاً.. حيث لا أحد.. مساحة خضراء شاسعة تغمر الوادي، تُحيط به الجبال مِن كل صوب، نهرٌ يخترق الـوادي يترقرق مـاؤه هـادراً.. زقزقات الطيور تصدح معلنة قدوم النهار.. تلك مساحتي التي صنعتُها بداخلي وبنيتُ حدودها عبر الأيـام.. تلك الحواجز الطبيعية تحميني مِن أعين المارقين.. وهناك أنعم بعزلتي.. وبالحـ..

مهرج #1: (يقاطعه) لقد أضفيتَ إلى حزنكَ هالةً لتعظِّمه.. أنتَ مَن تحمي حزنكَ بنفسكَ..

مهرج #2: لم يعد هناك إلّا الحزن.. (تتغيَّر نبرته متحوِّلاً لحكَّاء مستمتع بالحكي) منذ أن اختطف السفليون «إفروسيني» ربة البهجة والسرور.. هناك قُرب قُبّة أوليمبوس.. (تبدأ موسيقى ناعمة) عند مجرى مائي فيروزي اللون، تنعكس على صفحته أشعة الشمس، وللمجرى ضفتان مِن الصخور والحصى الملوَّن والأحجار الكريمة

البراقة، والعشب الأخضر يكسو الأرض بالقربِ مِن تلك البقعة الساحرة، وفي الخلف شلال ماء منهمر يبدأ مِن سحابة بيضاء عظيمة بالأعلى. لقد اختلط هديرُ الماء المُنهمر مِـن بحيرة النعيم، بتغريدات طيور الكناري المنبعثة مِن الأشجار، التي تزين الضفاف التي لا حدَّ لها.. تتعالى ضحكات الـ «خاريتيس» ثالوث حُسن أوليمبوس: «ثاليا» ربة الاحتفالات وأكبرهن سِنًّا، «أغلايًا» ربة الجَمال والمجد وزوجة «إيفيستوس» التي أنجبَت منه أربع جميلات هُنَّ سيِّدات الحُسن الصغيرات.. و«إفروسيني» ربة البهجة والسرور، وثلاثتهنَّ تجسيدات الرقص والموسيقى والإبـداع.. لقد خرجن في الصباح الباكر لأخذ حمامهن البارد كما تعوَّدن، تجرَّدن مِـن ملابسهن ورحـن يتراشقن بالماء، الذي تحوَّل إلى قطعٍ مِن الثلج، والطيور الرابضة فوق الأغصان تتابعهن، والضوء المُنبعث مِن أجسامهن الناصعة يكاد يعمي الأبصار.

(تتوقف الموسيقى) فجأةً توقف التغريد، وتركت الطيـور أماكنهـا للنجـاة بأرواحها مِـن اللهيب القادم، احتبست الأنفاس وتلاشت الضحكات،

وتبخرت السعادة غارقة في قاع البحيرة، وتعالى صوتُ شهيق النـار المُنبعث مِـن أجنحة الجياد الناريـة المُحلِّقـة فـوق البحيرة، يجـرُّون عربة يقودها «سـيرابيس» الخادم الخاص لملك العالم السـفلي، يفرقع بسـوطه الناري ضارباً الهواء، فيخلِّف دخاناً ملأ سواده السماء، تعالت صرخات الثالـوث يطلبن النجاة، لكن صـوت شـهيق النار كان أعلى، وبقـوةٍ لا تعرف التعامل مع الجمال، اختطف السفليون «إفروسيني» الصُّغرى، بعدما أحاطـوا بها وفرَّقـوا بينها وبيـن أختيها لمنعهما مِـن نجدتها.. حاولت الفِرار مِن قبضتهم، ولكنهم أحكمـوا قيْدها، وعادوا جميعاً خلف سـيِّدهم مِن حيـث جاءوا.. (يبكي) نجحوا في اختطاف باعثة البهجة، وباختطافها خيّم الحُزن على العالم..

مهـرج #3: (حزيناً) يا للحُزن!.. أحفظ تلك الحكاية الحزينة عن ظهر قلب، ولكنني أتأثر كلما سمعتُها.. هوِّن عليكَ، فإنما أنتَ مهرج، والحزن ليس لكَ..

مهـرج #1: (إلى مهرج #2) لا تستسلم إلى الحزن يا صديقِي، هذا لن يعود عليكَ بالخير..

مهـرج #2: وأين الخير فيما نحن فيه؟ ما الجدوى مِن حياتنا؟

مهـرج #1: (يشهق فزعاً) يبدو أنكَ متعبٌ إلى درجة الهلوسة، عليكَ أن تأخذ مِن حبوب الدعم اثنين معاً، ثم تأخذ قسطاً مِن الراحة..

مهـرج #2: (متهكماً) راحة! عن أي راحة تتحدث؟ ما معنى تلك الكلمة؟ كيف السبيل إليها؟

مهـرج #3: (يصيح بصوتٍ يُحاول أن يجعله مرحاً، لكنه يخرج مرتعشاً) لنغير هذا الحديث، ولنضحك كمهرجين حقيقيين..

مهـرج #1: (إلى مهرج 3# متصنعاً الحماس) أصبتَ القول يا صديقي..

مهـرج #3: لنتحدث عن شيءٍ آخر، أتحبان أن أقص عليكما حكاية؟

مهـرج #1: (يهم بأن يومئ موافقاً، لكنه ينظر إلى مهرج 2# فيجده مغمضاً عينيه ووجهه قد تحوَّل للوحةٍ مشوهةٍ لخليطٍ من الألم والابتسامة المشدودة بالألوان حول فمه) أيها المهزوم بأوهام الحزن، ما رأيكَ أن نتحدث عن الحقائق الجيدة.. أنتَ لم تتحدَّث يوماً عن عائلتكَ.. أُلديكَ زوجة؟ أُلديكَ أبناء؟

(يتنهد) أبي كان مهرجاً مِن الدرجة الدنيا.. كان يسقط وينهض لإضحاك الناس.. كنتُ التاسع في ترتيب إخوتي.. أنجبني أبي في سِنٍّ كبيرة.. كنتُ أحضر أحد عروضه ورأيتُه يسقط ولم يقدر على النهوض.. نظر إليَّ وابتسم وهو يشيح برأسه نافياً.. جاء المسعفون وأخذوه إلى المشفى، بينما جذبني شخصٌ لا أذكر مَن هو، وأمرني أن أفعل ما كان يفعل أبي حتى نهاية العرض، فليس فيها شيءٌ صعب أو مهارة. بعد العرض أخذوني إليه، فنظر إليَّ وقال: سامحني يا ولدي.. سألتُه: لماذا تقول ذلك يا أبي؟ قال: لأني لم أترك لكَ شيئاً.. ثم رحل.

ورثتُ مكانه، لكنني قررتُ أنني ما دمت أعمل مهرجاً فسأصل إلى الدرجة العُليا، لكي آخذ أعلى أجـر، ولكي يرفـع الناس أعناقهم وهـم يُتابعون عرضي. لهذا أخذتُ أدرِّب نفسي على الدراجة ذات العجلة الواحدة، أردتُ أن أسمع تصفيقاً حاراً وليس ضحكاً وسخرية... أردتُ ألّا أصير كأبي، بـل أرُدُّ لـه اعتباره بـأن أكون المهرج الأعلى أجراً في السـيرك كله.. وظللـتُ هكذا حتى وقع الحـادث الأليم.. فاعتقـدتُ أنني فهمتُ نظرة أبي

وهو يلـوّح بإصبعه نافياً.. فهمـتُ متأخراً للغاية أنه كان يُخبرني ألَّا أعمل مهرجاً كما كان يعمل. (تحتدُّ نبرتـه) ولكنني في عالم لا يُمكن أن تكون فيه إلَّا مهرجاً.. أو ناصحاً.. (يمسـك رأسه بكفيه ويصيح) ماذا كنتَ تقصد يا أبي؟!

مهـرج #1:   (يربت على كتف مهرج #2) أتعرف، أنا لم أرَ أبي، لقد مات قبل مولدي بعشر ليالٍ.. أتتخيل أن تنجبكَ أمكَ وهي حزينة بهذا القدر؟!.. لم تشعر بالسعادة لقدومي، ورفضتُ حليبها بطعم الحزن فأهملتني.. كدتُ أموت، لولا أن حضرَت جارة لنا كانت توشك على فطام ابنها، وقد أتت لتواسيها وتطمئن عليَّ، فسمعَت موائي الخفيض وأنا أقترب من الموت، فهرعَت إليَّ وحملتني وأعطتني حليبها، ثم أخذَتني معها، وتركت أمي على حالها لا تأكل ولا تشرب ولا تتحدث. بعد أيام، رحلَت أمي، وصارت الجارة هي أمي، وهي- وللحق- لم تُقصّر معي أبداً ولم تفرّق بيني وبين أبنائها، ورعتني حق الرعاية.. (يتنهد بمرارة).. المهم.. قصَّت عليَّ كل شيءٍ عن عائلتي، عرفتُ أنني الطفل الوحيد الذي بقي حيّاً لأبويَّ، رغم أنهما قد أنجبا قبلي سبع مرات، ولم يظل طفلٌ منهم لأكثر

مِن عام حتى يمرض ويموت.. كان أبي مهرجاً من الدرجة الدنيا.. يتقاذف الكرات ويُسقطها أو يسرقها منه زميله أمام الجماهير، ولهذا عاهدتُ نفسي أن أكون أمهر وأشهر متقاذف كرات في السيرك، لا تسقط مني كرة، ولا يتمكن أحد مِن سرقة كراتي. وبالفعل، حدث ما تمنيتُ.. حتى وقع الحادث وأُصبتُ..

مهرج #3: هوّنا على نفسيْكما أيها المهرجان الناجحان.. ألا يكفيكما أنكما وصلتما بالفعل لتحقيق أمانيكما؟!

مهرج #1: (إلى مهرج #3) ماذا عنكَ أيها المبتهج؟ بالتأكيد لديكَ قصة أنتَ الآخر.

(ينظـر (مهرج #3) إليهما فـي صمت، ثم ينظر إلى الأرض، ثم يُعطيهما ظهره ويسير ببطءٍ إلى أحد جوانب المسرح).

مهرج #1: (يكرر) تكلم يا صديقي.. ماذا عنكَ؟

مهرج #3: لا شيء.. لا شيء..

مهرج #2: ليس هناك أحد هنا بلا شيء.. كلنا وراءنا أشياء.. أشياء لـ (يشير إليه مهرج #1 فلا يكمل كلمته).

مهرج #3: (بحُزن) لا شـيء.. لا شـيء.. لا شـيء.. لا

زوجة.. لا أبناء.. لا بيت.. لقد كذبتُ بشأنهم..
(يقفز ويُحاول أن يضحك) لكنني لم أكذب بشأن
الصراصير. (يحني رأسـه ثانية وتعود نبرة
الحزن في صوته) الحقيقة التي عرفتُها بعد
ذلك مِن العائلة التي تبنَّتني.. أن أمي هجرَتني،
ووجدوني هم في أحد صناديق القُمامة.. لما
كبرتُ قليلاً، خافوا أن أبقى مع بناتهم، فأعادوني
إلى حيث وجدوني، وصرتُ مجرد جُرذ حقير
ينتقل مِن قُمامة إلى أخرى، إلى أن وجدتُ ملاذي
في السيرك. ولأن «الأنف الأكبر» يسمح لكل
مَن لديه عائلة بالذهاب إليهم مرتين في الأسبوع
والعودة إلى هنا.. اختلقتُ أنَّ لي زوجة وأبناء
وبيتاً.. لأنني أشعر بالضيق في هذا المكان..
أتعلمان أنَّ ذلك السرادق كبير إلى حدٍّ مرعبٍ
يصل إلى البحر.. ولكن لن تستطيع النزول إلى
البحر بسبب الحاجز المصنوع مِن الأسلاك
الشائكة.. لا مفر.. سنظل ههنا حتى نموت..

مهـرج #2: أنتَ إذن مثلنا، ولستَ معجزةً مِن السعادة كما
صوَّرتَ لنا دائماً.. أتصدِّق أنَّ هذا أفضل كثيراً؟..
بل ربما نستطيع أن نكوِّن ثنائياً رائعاً..

(يُسمع صوت صافرة إنذار مزعجة).

مهـرج #1:	(بصوت خفيض وخوف) هيا.. هيا.. ليذهب كل منا إلى مكانه ويتخذ وضعية النوم قبل أن يمروا ويكتشفوا أننا لم ننم بعد..

(يهـرع كل مهـرج إلـى مكانه، وينامـون على الأرض في وضعية الجنين).

(إظلام على المسرح حيث خيمة السيرك).

(يُضــاء المسـتوى العلـوي من المسـرح حيث المكتب، الكاتب واقف خلف مكتبه ويبدو منفعلاً).

الكـــاتــب:	(بغضب) أيها المهرج الأفّاك الوضيع.. أتعتّقد أنني عندما أسترسل في الكتابة سأغفل ذكر حقيقتكَ.. إن اعتقدتَ ذلك ستكون واهماً.. (تدخل الزوجة ولا يلاحظها) لا يغرنكَ ضحك الجمهور على مزاحكَ والطرائف التي تلقيها وتصفيقهم الحار لكَ.. أنا الذي صنعكَ.. أنا الذي خطط حياتكَ خطوة خطوة.. أنا مَن يكتب ما تقول.. وكيف تقول.. ومتى تقول.. أنا الذي سيكشف زيفكَ للناس في المشهد القادم.. (ينظر إلى الورقة ويبتسم) نهاية المشهد الثالث..

الـزوجـة:	مممم.. يبدو أن زوجي الحبيب.. الكاتب الشهير.. ليس في مِزاج جيد اليوم..

الكـــاتــب: لماذا تقولين ذلك؟

الـزوجـة: لأنكَ تريد تغيير مصير أحدهم..

الكـــاتــب: يستحق ذلك.. إنه كاذب..

الـزوجـة: ومَن الذي جعله كاذباً؟

الكـــاتــب: الأحداث..

الـزوجـة: ومَن يكتب الأحداث.. ألستَ أنتَ؟

الكـــاتــب: هناك أحداث تُجبر الكاتب على..

الـزوجـة: (تقاطعه) مَن يتحكم في مَن؟ الكاتب يتحكم في الأحداث؟ أم الأحداث تتحكم في الكاتب؟

الكـــاتــب: ليس في كل الأحوال يا عزيزتي..

الـزوجـة: ماذا إذن؟

الكـــاتــب: أنتِ تعلمين أنني أخطط جيداً قبل كتابة الأحداث.. لكن الخطة تتبدل في الكثير مِن الأحيان..

الـزوجـة: لا تُخبرني أنه إذا لم تجد شيئاً تكتبه ستقتل بعض الأشخاص..

الكـــاتــب: هـذا ما تقوله «نانسي كريس».. أمـا أنـا فقد خطَّطتُ جيداً، وأعرف ماذا سأفعل حتى النهاية..

الـزوجـة: وماذا تنوي أن تفعل؟

الكـاتـب: في الحقيقة لا أنوي قتل أحد الآن.. لم نبدأ المشهد الرابع بعد..

الـزوجـة: كما يحلو لكَ.. أتمنى لكَ التوفيق (تهم بالمغادرة).

الكـاتـب: إلى أين؟

الـزوجـة: لأبدل ملابسي وأستريح.. فلقد عدتُ لتوِّي مِن العمل..

الكـاتـب: عوداً حميداً.

الـزوجـة: أشكركَ.. طابت ليلتكَ.. (تغادر).

الكـاتـب: طابت ليلتكِ.. (يكتب) المشهد الرابع..

(إظـــلام)

المشهد الرابع

(يُسمع صوت صافرة إنذار مُزعجة، ينهض المهرِّجون الثلاثة ويقفون في صفٍّ واحدٍ انتباهاً).

(يدخل المهرجون الثانويون ويجلسون متزاحمين على مسافةٍ صغيرةٍ من الثلاثة).

(يدخل (الناصح) إلى المسرح، يبتسم وهو ينظر إليهم).

الـنــاصـح:	طبتم صباحاً إخوتي الأعزاء..
المهرجون:	(في صوت واحد) طبتَ صباحاً نيافتكَ..
الـنــاصـح:	كيف حالكم؟
المهرجون:	(في صوت واحد) بخير نيافتكَ..
الـنــاصـح:	أتمنَّى أن تكونوا جميعاً بخيرٍ على الدوام..
المهرجون:	(في صوت واحد) نشكركَ نيافتكَ..
الـنــاصـح:	(يجلس ويشير إليهم بالجلوس) تفضلوا بالجلوس..

(يجلسون على الأرض ومهرج#1 يضغط قناعه

بيديه على صدغيه) مِن دون النصيحة ومِن دوننا- سيغرق العالم في الظلام.. لذا.. لنا اليوم نصيحة جديدة..

المهرجـون: (في صوت واحد) تفضَّل نيافتكَ..

الناصـح: (يعلو صوته في قوة) «مَن لا يقاتل عدوه صار له صديقاً».. (يخفض نبرته) علينا أن نتغلب على أعدائنا مهما كان الثمن فادحاً.. أرأيتم تهكم المنتصر على عدوِّه وهو يُحدثه: «كيف سقطتَ مِن عليين يا «إسپيروس»؟ كيف قُطِعْتَ إلى الأرض يا قاهر الأمم؟ وأنتَ قلتَ في قَلبكَ: أصعد إلى العُلا.. أرفع عرشي فوق كل الكواكب.. وأجلس على جبل الاجتماع في أقاصي الشمال.. أصعد فوق مرتفعات السحاب.. أصير مثل أعلى مَن عرفت الحياة: المنتصر».

(يتنهَّد) مـا أخطر إعجـاب الـذات بإمكاناتها.. بجمالها.. بذكائها.. بقوتها.. بثقافتها.. بممتلكاتها.. إنـه الكبريـاء، أول الخطايـا الموديـة بمرتكبها للتهلكة. ما أخطر انشـغالنا بأهميتنـا أو بآلامنا.. ما أخطر سعينا وراء مديح الناس والشهرة.. وما أخطـر نفورنا مِن الذين ينتقدوننـا ويصحِّحون

لنا عيوبنا.. انشغل «إسپيروس» بجماله.. شعر بذاته وانحصر فيها، (يصيح) فسقط.. (يهز رأسه وتتحول نبرته للأسف) وكان سقوطه مروِّعاً..

(بحزم) ترى ما كان إحساسه وهو يسمع هذه الكلمات: «لقد ارتفع قلبكَ لبهجتكَ.. أفسدتَ حكمتكَ لأجل بهائكَ.. وأنا الآن أطرحكَ مِن جبالي وأبيدكَ.. وسأُخرج ناراً مِن وسطكَ فتأكلكَ»».

يالحزنكَ يا «إسپيروس» إذ لم تعد تتمتع بمجلس العرش، حيث الفرح الحقيقي والسرور الذي لا ينقطع.. (يضحك ضحكة طويلة، ثم بنبرة تعجب يقول) إلّا أنَّه لم يطرحه بعد في البحيرة المتقدة بالنار والكبريت.. (يحنن نبرته) هل فهمتم يا إخوتي؟.. أعظم قرار أن تكون بين صفوف الحَمَل الغالب.. أن تكون جندياً في جيشه.. لكن توقعوا معارك متواصلة مع قوات الظلمة..

(لحظات من الصمت).

متى موعد الفاكهة؟

مهرج #1:   في نهاية الأسبوع الخامس مِن چانڤي.. شهر البلوط..

النـاصـح:	أي متى؟
مهـرج #1:	بعد ثلاثة أيام.

(يصفق (الناصح) بيديه، يدخل الخادم يحمل سلَّة فاكهة).

| النـاصـح: | سأعطيكم حصتكم مِن الفاكهة اليوم.. وكذلك في موعدها.. على أن تعدوني بألَّا تُخبروا أحداً بذلك. |

| المهرجون: | (في صوت واحد) نعدكَ نيافتك. |

| النـاصـح: | أثق بكم يا إخوتي.. والان موعد الاعتراف.. (يصفق بيديه مرتين) ليخرج الجميع، ثم تدخلون واحداً بعد الآخر.. كالعادة.. |

(يخرج المهرجون الثانويون، ثـم يلحق بهم (مهرج #2) و(مهرج #3) من المسـرح، ويبقى (مهرج#1) جالساً على الأرض أمام الناصح).

| النـاصـح: | (ينظر إليه لحظات، ويكاد التأثُّر يظهر على ملامحه، لكنه يُسارع برسم ابتسامة وقورة) أخي العزيز.. ماذا لديك؟ |

| مهـرج #1: | (يضغط قناعه ممرِّراً إصبعه على جبهته، كأنه |

يلصقه بها) ليس لديَّ أي شيء.. كل شيء على ما يرام نيافتكَ.

النـــاصــح: ألا تريد أن تتقدم باقتراحٍ لمعالي «الأنف الأكبر».. أو شكوى..

مهـرج #1: لا نيافتكَ.. أنا والأصدقاء أكثر مِن بخير..

النـــاصــح: تحدث فقط عن نفسكَ يا.. أخي..

مهـرج #1: (ينظر إلى الأرض) أمر نيافتكَ.

النـــاصــح: أمتأكدٌ أنه ليس لديكَ شيء آخر؟

مهـرج #1: متأكد.

النـــاصــح: أنـ.... (يصمت لحظة) اذهب في سلام يا أخي.

(ينهـض (مهـرج #1) ويخـرج من المســرح، ويدخل (مهرج #2) ويجلس أمام الناصح).

النـــاصــح: أخي العزيز.. ماذا لديكَ؟

مهـرج #2: (لحظات من الصمت ثم يتكلم بنبرة مَن لم يعد يخشى الإعلان عما يريد) اشتقتُ إلى ذلك الرجل صاحب الوجه الأسود.

النـــاصــح: مَن تقصد؟

مهــرج #2:	أبي.. كانت بشرته سمراء مِن الوجه والذراعين.. وباقي جسده ناصعاً.. أذكر ذات ليلة قلتُ له: أبي إني جائع.. ولم يكن في بيتنا لقمة.. لن أنسى ما حييتُ الدموع التي انهمرَت مِن عينيه دون أن ينبس ببنت شفة.. لم يقل إلّا كلمة واحدة.. انتظرني.. وخرج.. وأنا أتضوَّر جوعاً.. كنتُ أسمع أحشائي تتصارع ولم أقدر على تحمل المزيد.. اعتقدتُ أنَ أبي ذهب ولن يعود.. عاد أبي بعد ساعة.. ومعه رغيف كامل.. كان لنا الكثير مِن الوقت لم نرَ رغيفاً كاملاً.. ولما قلتُ له مرتعباً: لا تملك المال، مِن أين أتيتَ به؟ نظر إلى الأرض ولم يجبني.. تغاضيتُ عن تكرار السؤال كي لا أستسلم للأفكار السيئة التي اجتاحت رأسي وقتئذ.. وقضمتُ أول قضمة ومضغتُها على مهلٍ وأنا أنظر لأبي وأتذكر جُملته الأثيرة: «غداً ستشتاق إلى أيام الرجل صاحب الوجه الأسود».. صدق الرجل.. اكتشفتُ بعد رحيله أنه كان بطلاً خارقاً.. (يصيح) أيها الناس.. كان أبي بطلاً خارقاً..

النـــاصــح:	(يرد في برود الموت) ألديكَ شيءٌ آخر يا أخي؟

مهــرج #2:	(تختنق نبرته) لا.. ليس لديَّ شيء آخر نيافتكَ.

الناصــح: اذهب في سلام يا أخي.

(ينهض (مهرج #2) وعندما يصير وراء الناصح يلتفت إليه ويقبض يده بشدةٍ وينتفض، لكنه يُسرع بالخـروج مـن المسـرح، ويدخل (مهـرج #3) ويجلس أمام الناصح).

الناصــح: أخي العزيز.. ماذا لديكَ؟

مهـرج #3:   كل شيءٍ على ما يُرام نيافتكَ.. لكنني أريد أن أعترف لكَ بشيءٍ مهمٍّ أسرُّه في نفسي منذ زمنٍ بعيدٍ.. حتى ضاقت به نفسي.

الناصــح: ما هو يا أخي؟

مهـرج #3:   (بكل جدية) أنا لا أحب البيتزا.

الناصــح: (يبتسم) وماذا بعد؟

مهـرج #3:   هذا كل شيء.

الناصــح: ألديكَ شيء آخر يا أخي؟

مهـرج #3:   لا.. ليس لديَّ شيء آخر نيافتكَ.

الناصــح: اذهب في سلام يا أخي.

(ينهض (مهرج #3) ويخرج من المسرح متشقلباً يمشي على يديه).

(يُسمع صوتُ صافرة إنذار مُزعجة، يليها إظلام مؤقت على المسرح، ثم يُضاء المسرح، لنجد المهرجين الثلاثة ينامون في وضعية الجنين).

(يتكرر صوتُ صافرة إنذار مزعجة، ينهض المهرجون الثلاثة ويقفون في صفٍّ واحدٍ.. لحظات حتى يزدحم المسرح بالكثير من المهرجين الذين يقومون بألعابٍ مختلفةٍ، يبدو المشهد مبهجاً).

مهـرج #2: (يبدو عليه الذهول) ماذا هناك؟

مهـرج #1: إنه يوم الأنف الأحمر.. كل عيد وأنتَ بخير يا صديقي.

مهـرج #3: كل عيد ونحن بخير يا صديقي.. سنكوّن ثنائياً رائعاً.

مهـرج #2: كيف؟

مهـرج #3: كيف سنكوّن ثنائياً رائعاً؟!

مهـرج #2: كيف؟

مهـرج #3: تذكَّر أنَّ مهرجَين أفضل مِن مهرج.

مهـرج #2: كيف لم أتذكر أنَّ اليوم يوم الأنف الأحمر؟

مـهـرج #3:   لا بأس..

مـهـرج #1:   لماذا تجعل مِن نسيانكَ للتاريخ معضلة؟

مـهـرج #2:   لأننا هنا لا نعلم النهار مِن الليل.. تنسلخ الأيام ونحن معها.. في كل لحظةٍ يتلاشى شعورنا بالوقت.. وتذبل أرواحنا.. إذا فقدنا الإحساس بالزمن فقدنا الحياة.

مـهـرج #1:   لا تُبالغ يا صديقي.. الأمر أبسط بكثير.

مـهـرج #2:   (يشيح برأسه نافياً) لا .. أنتَ مَن يُبالغ في الإنكار.. أنتَ تتناسى متعمداً.. تعرف كل شيءٍ وتُنكر الحقيقة.

مـهـرج #1:   لماذا تقول ذلك؟ أنا في حالٍ خيرٍ مِن حالكَ على الأقل..

مـهـرج #2:   بل أنا مَن أقول الحقيقة التي تتنكرها.. هذا الاحتفال.. وهذا اليوم.. وكل هؤلاء.. لا يعنون لي شيئاً.. أتعرف؟ أنتَ غير متأكد مِن تاريخ العيد، لكنكَ تجده أمامكَ فتقول ها هو العيد.. إني ذاهب.. (يغادر المسرح في غضب).

مـهـرج #3:   (يناديه) إلى أين تذهب؟ عُد يا صديقي.. ارجع.

مـهـرج #1:   دعه الآن..

مهـرج #3: أدعه! كيف؟ كنا سنكوِّن ثنائياً رائعاً.

مهـرج #1: لا تبالغ أنتَ أيضاً.. لن يطيل الغيبة.. سيعود.

مهـرج #3: وكيف تعرف ذلك؟

مهـرج #1: لا مفرَّ مِن العودة.. سيعود.

مهـرج #3: أمتأكد؟

مهـرج #1: أجل.

مهـرج #3: أتعدني بذلك؟

مهـرج #1: أعدكَ.

مهـرج #3: مِن أين لكَ بكل تلك الثقة؟

مهـرج #1: لأنه لا يوجد مكان آخر يذهب إليه..

مهـرج #3: كيف؟

مهـرج #1: السرادق بحجم الجزيرة كلها يحيطه البحر مِن ثلاث جهات.. والأحراش من جهة.. وبالطبع لن يستطيع العبور مِن خلال الحاجز المصنوع مِن الأسلاك الشائكة.

مهـرج #3: وإن عَبَر؟

مهـرج #1: ستمزقه الأسلاك الشائكة وهو يحاول.

مهــرج #3:	وإن لم تمزقه الأسلاك الشائكة؟

مهــرج #1:	ستمزقه..

مهــرج #3:	(بإصرار) وإن مزّقَته وعبر؟

مهــرج #1:	هو لا يستطيع السباحة.. لذا سيعود.

مهــرج #3:	(في ذهـول) كيف عرفتَ كل ذلك؛ هل سبق أن... (يهز رأسه كأنه ينفض الفكرة) أتعتقد أنكَ بهذه الإجابة أرحتَ قلبي؟

مهــرج #1:	يتوجب على قلبكَ أن يفعل.. مؤقتاً.. وإلَّا سيظل متعباً حتى يعود.

(إظلام على المسرح حيث خيمة السيرك).

(يُضــاء المسـتوى العلـوي من المسـرح حيث المكتب، الكاتب وحـده، يجلس إلى مكتبه يطوي ملف المسرحية، ثم يجذب ورقة منفردة من طرف المكتب، يضعها أمامه فوق الملف ويكتب، ويقرأ بصوت مرتفع).

الكـــاتـــب:	في النصف الأول مِن الليل، أذهب إلى المقهى الذي أداوم على الجلوس فيه منذ سنوات، أختلي بالأوراق وأنثرها فوق طاولتي، ثم أجهز على

نحو ثلاثين سيجارة في نصف نصف الليل الأول، والأفكار تصارع الدخان، بينما أقضم أظفاري وسِنّ قلمي الرصاص.

أمّا في نصف نصف الليل الثاني، تكون الأفكار قد جاءت بعد القضاء على قَدَحَيْن مِن القهوة وثلاثة أكواب مِن الشاي مع القرنفل أو النعناع، فأدفع الحساب وأترك القليل مِن البقشيش للنادل.

وفي البيت، أقضي نصف الليل الثاني أصارع الأرق بالتفكير في كيفية الحصول على علبتين مِن التبغ قبل الغروب، وأظلُّ هكذا حتى مطلع الفجر، فأعتبر نفسي قد انتصرتُ على الليل، وأحتفل بانتصاري حتى الشروق، فأبدأ وقتئذ أحايل النوم وألعن الصداع.

في بلدية الأنف الأحمر أعيش هذه الأيام، بعد أن عشتُ شهوراً في عمق الصحراء، وقبلها أسابيع على كوكبٍ له سبع أقمار والكثير مِن النيازك.. الكتابة تجعلني كالسائح في عالمٍ بعد عالم. بالطبع أنا لا أعمل في أية وظيفة حكومية، هذا ضد طبيعتي، بل أكتب المقالات وأرسلها لعدة جرائد، وبذلك أستطيع الحصول على لفافات التبغ قبل

المغيـب، فإذا جاء التبغ؛ حرقتُه لأصل إلى فكرةٍ جديـدةٍ أرتزق بها تبغ الغـد، وهكذا تدور حياتي أكتب لآتي بالتبغ، وأحرق التبغ لأكتب.

يتبع...!

(إظـــلام)

المشهد الخامس

(يدخل (مهرج #2) إلى المسرح مطرق الرأس، ويهمُّ بالجلوس إلى جوار المهرجين، لكن خلفه تدخل (الفتاة) في ثوبها المنفوخ البرتقالي الفاقع لونه، بسرعة وتبدو غاضبة تدق الأرض بكعب حذائها القصير الغليظ، فيلتفت إليها ويثبت مكانه. (مهرج #1) و(مهرج #3) ينظران إليهما ولا يتحدثان).

الـفـتـاة:	(تنظر إلى الآخرين، تتجاهلهما وتجذب مهرج #2 من ثوبه) لماذا لا تجيبيني؟ ها.. أعتقد أنه مِن حق شخص دخلتَ حياته بصورة يومية دائمة ألَّا تختفي مِن حياته وقتما تشاء كأن لا وجود له.

مهـرج #2:	(في ضجر) لم أقصد ذلك.

الـفـتـاة:	(يعلو صوتها) ومـاذا كنتَ تقصد إذن؟ لقد تجاهلتني فجأة وبدون أي أسباب حتى قتلني التفكير.

مهـرج #2:	(يصيح) كنتُ متعباً، ومنهكاً إلى أقصى حد.

الـفـتـاة:	ولماذا لم تخبرني بذلك؟

مهـرج #2: لم أقدر..

الـفـتـــاة: لم تقدر؟! إلى متى تظل حجتكَ: «لم أقدر»؟ ها..

مهـرج #2: (من بين أسنانه) أرجوكِ كفى!..

الـفـتـــاة: فعلاً.. كفى.. كان يجب عليَّ أن أعي ذلك منذ البداية..

مهـرج #2: أقسم أنني كنتُ ـ وما زلتُ ـ غير قادرٍ على فعل شيء..

الـفـتـــاة: لستَ قادراً على ماذا؟

مهـرج #2: لستُ قادراً على أي شيء..

الـفـتـــاة: (تنظر إليه في اشمئزاز) أتقصد أنكَ لستَ قادراً على المواجهة؟

مهـرج #2: (يصمت ولا يجيب).

الـفـتـــاة: لم أتسبب لكَ في أي أذى.. لماذا تفعل هذا بي؟.. لماذا أنت مصرٌّ على تحطيمي؟!

مهـرج #2: صدقيني.. لم أقصد أيّاً مِن ذلك.. لكنني لم أُوَفَّق في أي عملٍ حاولت القيام به.. بعد الكارثة، انهار كل شيء فوق رؤوسنا.. انتقلتُ مِن خيمة لأخرى، ولم أُوَفَّق في الحصول على عمل.

الـفـتـــاة: لو أخبرتَني بذلك، لم أكن لأتـردد لحظةً في أن أساعدكَ.. ليس بسبب ما بيننا، بل كان مِن الممكن أن أساعدكَ كأختكَ أو كصديقتكَ وأكثر.. أنا لستُ فتاة تافهة أفرح فقط بمشاعر الحب منكَ.. يهمني التقدير.. على الأقل كان عليكَ ألّا تغفل عِشرة السنين التي جمعتنا.. أحقاً تراني مجرد تسلية لأوقات فراغكَ عندما يكون مِزاجكَ جيداً؟!.. أما حين الجد، عندما يضيق صدركَ وتأتيكَ المصائب مِن كل حدب وصوب، تتركني لا أعرف عنكَ شيئاً!

مهـرج 2#: (يمط صدغيه كأنه يوسِّع الابتسامة المرسومة على وجهه بالألوان) كفى.. أرجوكِ..

الـفـتـــاة: حسناً.. سأكفُّ عن الحديث.. لا يهم أبداً أن بركاناً بداخلي يوشك على الانفجار.. سأصمتُ.. سأردِم فوهة البركان على كل الحمم بداخله.

مهـرج 2#: (يختنق صوته) لماذا تظنين أنكِ وحدكِ مَن تعانين؟.. أنا أكثر المحطمين في هذه البلدية، وفي الإمبراطورية كلها، وفي أرجاء الأرض، وفي الكون كله..

الـفـتـــاة: (تقاطعه) ششش.. اصمت.. لا أريد أن أتأثر

بحديثكَ.. ولا أريد أن أشعر بكَ مرة أخرى.. للأسف لا تزال لكَ عندي مكانة.. للأسف.. لكن ليكن معلوماً لكَ أنني سأعرف كيف أكون بخير.. بدونكَ..

مهـرج #2: (تتغير نبرته إلى الرقة) أتمنى لكِ مِن كل قلبي أن تكوني بخير.

الـفـتـــاة: (تنظر إليه في حيرة) حقيقة احترتُ في أمركَ! أنتَ تبهرني.. بقدرتكَ على التنكُّر في لحظة، براعتكَ منقطعة النظير فيما تفعله، تذكرني بالقول المأثور: «الذين يرتدون أقنعة لوقت طويل ينسون ما يوجد تحتها».

مهـرج #2: (يصمت ولا يجيب).

الـفـتـــاة: (بغضب) كن شجاعاً وقُل مِمَ خفتَ؟..

مهـرج #2: (بحزن) مِن كل شيء.. أّلا تُقدِّرين ما أمرُّ به، فتتركيني؟!.

الـفـتـــاة: قبل أن أتركَكَ بلا رجعة.. عليكَ أن تعي جيداً أنه ليس الرجل مَن يخاف (تهم بالذهاب.. تتذكر شيئاً فتعود) آه.. نسيتُ.. هناك شيء أخير.. (تصفعه بكفها على خده) هكذا ارتاحت نفسي التي عذبتَها

يا فتى.. (تذهب وتخرج من المسرح).

(يضع (مهرج #2) راحته على خده المضروب، ويظـل متجمداً فـي مكانه مطرق الـرأس، بينما (مهـرج #1) و(مهرج #3) يضعـان أكفهما كلٌّ علـى فمه يكتم شهقته، ويتنظـران حتى تختفي الفتــاة ثم يقتربان منه، يجعلانـه بينهما ويربت كل واحد منهما على كتفه).

(إظلام على المسرح حيث خيمة السيرك).

(يُضـاء المسـتوى العلـوي من المسـرح حيث المكتب، الكاتب يجلس إلـى مكتبه ويبدو منهمكاً فـي الكتابـة، بينمـا تدخل زوجته تحمـل صينية عليها كوبان من العصير).

الـزوجـة:	هل تناولتَ مِن قبل عصير الشمندر بالبرتقال؟
الكـاتــب:	بالطبع.. لكنني في حاجة الآن إلى فنجان مِن القهوة.
الـزوجـة:	لا.. أنتَ الآن بحاجة إلى عصير الشمندر بالبرتقال.
الكـاتــب:	ولِمَ؟.. أنا حقاً....
الـزوجـة:	(تقاطعه) لتحسين قدرة الدم على امتصاص

الحديد، وبالتالي منع فقر الدم. يحتوي عصير الشمندر والبرتقال على كميات عالية مِن فيتامين C الذي يزيد مِن امتصاص الحديد مِن الطعام، كما يعمل كمضاد للأكسدة.

الكـــاتـــب: ممم.. حسناً.. (بنبرة راجية) لكنني أريد بعده فنجاناً مِن القهوة.

الـــزوجـــة: لا.. لن تشرب القهوة الليلة.

الكـــاتـــب: ولكن...

الـــزوجـــة: (تقاطعه) لأنني سأصنع لكَ كوباً مِن الفَراولة بالبنجر.. هذا قرار ربَّة البيت.

الكـــاتـــب: لماذا يا ربَّة البيت...

الـــزوجـــة: البنجر يحتوي على نسبة عالية مِن الحديد، وتحتوي الفراولة على نسبة عالية مِن فيتامين C، يُساعد فيتامين C في الفراولة على تعزيز إفراز الكولاجين، وبالتالي يمنع الشيخوخة المبكرة التي سيسببها لكَ الإفراط في شرب القهوة يا زوجي العزيز.

الكـــاتـــب: (يقهقه) تخافين مِن الشيخوخة أكثر مِن خوفي مِن السيارات الطائشة في الشوارع يا عزيزتي!..

ليكن ما تراه ربَّة البيت مناسباً. (يضع يده على جانب فمه ويحدِّث نفسه) لأشرب ما أشاء حين أنزل إلى المقهى. (ينزل يده ويحدِّث زوجته) ها.. ما رأيكِ في المشهد السابق؟

الـزوجـة: فتاة قوية.. تجري في عروقها دمـاء أمهـا.. وحليبها.. وأعتقد أنها تأخذ ملامحها كما دموعها.

الكــاتــب: واو! تعبير في غاية الروعة والبلاغة والدقة. ماذا عنه؟

الـزوجـة: يستحق.. لا أشفق عليه.. يبدو لي كأنَّه يستمتع بالألم الـذي يسببه لنفسه قبل الآخـريـن.. لقد أحسنتَ في خلق شخصية مركبة معقدة ومريبة ومليئة بالشجن.. يجب على الإنسان ألّا يرضخ لحزنه.

الكــاتــب: أصبتِ القول يا زوجتي العزيزة.

الـزوجـة: قل لي يا زوجي العزيز..

الكــاتــب: ماذا يا زوجتي العزيزة؟

الـزوجـة: ما الذي يجعل البيت بيتاً؟

الكــاتــب: المبنى القوي وتصميمه الجيد، الأثاث المريح وفخامته..

الـزوجــة:	إجابة مراوغة أيها الكاتب المراوغ.
الكــاتــب:	مممم.. ماذا تقصدين أيَّتها الطبيبة المباشرة؟
الـزوجــة:	الذي يجعل البيت بيتاً هم مَن بالبيت.. وليس ما بالبيت.. المبنى والأثاث يصنعان منزلاً لا بيتاً..
الكــاتــب:	أتقصدين..؟
الـزوجــة:	العائلة.
الكــاتــب:	أتفق معكِ تماماً.
الـزوجــة:	في اعتقادكَ.. ما الذي يجعل الإنسان يحب؟
الكــاتــب:	التوافق مع الطرف الآخر.
الـزوجــة:	تفكير سطحي.. أو هكذا يحب الرجال.. أتعرف متى شعرتُ أنني أحبكَ؟
الكــاتــب:	متى؟
الـزوجــة:	عندما شعرتُ بالاطمئنان أولاً، أحببتُ وجودكَ.. ثم أحببتُكَ..
الكــاتــب:	(يبتسم) لم أكن أعلم أنَّ زوجتي العزيزة الطبيبة رومانسية إلى هذا الحد البعيد.
الـزوجــة:	اماذا تنوي أن تكتب الآن؟

الـكـاتــب:	سأفاجئكِ.
الـزوجـة:	ممم.. كيف؟
الـكـاتــب:	سيبعث أحدهم برسالة إلى الإمبراطورة مع أحد السعاة..
الـزوجـة:	لم يكن عليه أن يتخطى الكونتيسة.
الـكـاتــب:	أرسل إليها كثيراً دون رد..
الـزوجـة:	وبطبيعة الحال الإمبراطورة لا تستمع إلَّا إلى الكونتيسة ولا تعمل إلَّا برأيها..
الـكـاتــب:	وسأجعل بين الكونتيسة والأنف الأكبر علاقة يشوبها الغموض.. يتحدث عن ذلك كل النبلاء والبارونات.. حتى فرسان الإمبراطورية.
الـزوجـة:	رائع..
الـكـاتــب:	ألم أقل لكِ سأفاجئكِ!

(إظــــلام)

المشهد السادس

(الإضـاءة خافتة، المهرجون الثلاثة ينام كل منهم في مكان، يستيقظ (مهـرج #2) ويسـير علـى أطراف أصابعـه يتأكـد أنَّ (مهرج #1) و(مهـرج #3) يغطان في سـباتٍ عميق، يخطف صنـدوق النرد من الصندوق الكبير الذي يتوسط المسرح، ثم يتسلل ويخرج من المسرح).

(صوت صافرة مزعجة ويضاء المسرح .)

(المهرجان #1 و#3 يستيقظان في فزع على صوت الصافرة المدوية التي أطلقها (الخادم) ينهضان فيجدان أمامهما (الناصح) يقف مبتسماً ووراءه خادماه).

النـــاصـــح: أين ثالثكما؟

(مهـرج #1 و#3 يتلفتـان حولهما بحثـاً عنه فلا يجدانه).

المـهرجـان: (في صوت واحد) لا ندري..

مهـرج #1:   لقد أخذنا النعاس جميعاً في الوقت نفسه تقريباً..

النـــاصـــح: (يمد يده أمامها بأنف أحمر) ألم يخبركما بخطة هروبه؟

مهـــرج #3:   (تبدو عليه الصدمة) ماذا؟!

مهـــرج #1:   (في ذهول) هروب!.. هل هرب؟!.. كيف؟.. أبداً لم نعرف.. نيفاتكَ..

النـــاصـــح: أتقسم على ذلك أمام معالي الأنف الأكبر؟

مهـــرج #1:   أقسم على ذلك..

النـــاصـــح: (إلى مهرج #3) وأنتَ؟

مهـــرج #3:   (مصدوماً) أنا.. ماذا؟

النـــاصـــح: أتقسم على ذلك أمام معالي الأنف الأكبر؟

مهـــرج #3:   أقسم على ماذا؟

النـــاصـــح: أنكَ لم تكن تعرف شيئاً عن هروبه..

مهـــرج #3:   هروب مَن؟

النـــاصـــح: (محاولاً أن يتمالك نفسه) هروب ثالثكما..

مهـــرج #3:   (يبكي) أين ثالثنا؟ أين ثالثنا؟

النـــاصـــح: ألا تعلم أين؟

مهـرج #3: ‏(يشيح نافياً) لا أعلم.. لا أعلم..

الناصح: ‏بينما كـان يُحاول المرور مِن بين الأسـلاك الشائكة التي تفصل بين سرادقنا والبحر.. مزقته الأسلاك إلى أشـلاء.. ولم نجد له أثراً إلّا أنفه ‏(يشهر الأنف أمامهما).. (يشير إلى خادمه الذي يحمل صندوقاً).. وهذا النرد!

مهـرج #1: ‏(يمدُّ يده نحو الصندوق، ولكن يتوقف قبل أن يلمسه) النرد! لماذا؟!

مهـرج #3: ‏(ينهار في البكاء) لا أصدق! كنا سنكوّن ثنائياً عظيماً..

‏(يُضـاء المسـرح على المسـتوى العلـوي، فقط بؤرة ضوئية صغيرة حيث المكتب، الكاتب يبدو منفعلاً، يقوم إلى الحافة التي تطل على الأسـفل، يتدخل ويوجه حديثه إلى الخادم).

الكـاتـب: ‏صَفِّر أيها الأحمق.. صَفِّر..

الخــادم: ‏(يصفّر).

الكـاتـب: ‏انتبهوا (ينتبهوا جميعاً).. انصحهم (للناصح).

الناصـح: ‏(بسرعة وكأنه مبرمج) ما أخطر إعجاب الذات

بإمكاناتها.. بجمالها.. بذكائها.. بقوتها.. بثقافتها.. بممتلكاتها.. إنه الكبرياء، أول الخطايا التي تودي إلى التهلكة.

الكـــاتـــب: (يصرخ) الطعام..

(تتقدم الخادمة وتضع بيتزا أمام المهرجين).

الكـــاتـــب: (يصرخ) كلوا..

(المهرجان يقرفصان ويأكلان).

الكـــاتـــب: (يصرخ) صَفِّر..

(الخادم يصفِّر).

الكـــاتـــب: (يصرخ) اخرجوا..

(يسرع الخادم برمي صندوق النرد في الصندوق الذي يتوسط المسرح، ثم يلحق بالناصح والخادمة خارجاً من المسرح).

الكـــاتـــب: (يصرخ) ناموا..

(مهرج #1 ومهرج #2 يتركان الأكل، ويرتميان على الأرض كل منهما في مكانه).

الكـــاتـــب: (يستدير إلى مكتبه ويكتب في الورقة وهو لا يزال واقفاً ويصرخ) انتبهوا.. انصحهم..

الطعام.. صَفِّر.. كلوا.. صَفِّر.. اخرجوا.. ناموا.. (ينظر إلى الورقة قليلاً) لا مفر لكم.. لا مفر.. ثلاث جهات يحدها البحر وجهة وحيدة إلى الغابة، الأحراش.

الـزوجـة: (تدخل في جزع مرتدية ثياب النـوم) أنتَ تصرخ!.. ماذا حدث؟

الكـاتـب: هؤلاء الحمقى أخرجوني عن شعوري..

الـزوجـة: حمقى!.. (تستوعب أنه يتحدث عن روايته، فتجاوره وتطل من فوق السور إلى أسفل) لقد جعلتَ الوضع أسوأ بهذه الطريقة..

الكـاتـب: ماذا تقولين؟

الـزوجـة: لا مفر.. مَن لم تأكله وحوش البحر، ستأكله وحوش الغابة.. أليس الوضع سوداويّاً جداً.. أعرف أنكَ مِن جمهور عالم (DC) لكن ليس إلى هذا الحد مِن السوداوية..

الكـاتـب: لا أستطيع التفكير في شيءٍ آخر..

الـزوجـة: ليس عليكَ أن تكتب النهاية الليلة.. حاول مِن جديدٍ في الغد.

الكـاتـب: (في عناد) لا.. يجب أن أكتب النهاية الليلة..

الـزوجـة:	بهذه الطريقة سنَظلم هذا العمل، الذي أراه جيداً حتى الآن.. عليكَ أن تصبر على النهاية.. أعد قراءة ما كتبتَ.. واهدأ تماماً.. ثم اكتب نهاية تليق بعمل كهذا.
الكـاتـب:	(يعود إلى كرسيه ويقول في استكبار) أتستطيعين أنتِ فعل ذلك؟
الـزوجـة:	(تتفاجأ بتحدِّيه.. تعقد يديها على صدرها وتُجيبه في هدوء) بالطبع.
الكـاتـب:	كيف؟
الـزوجـة:	هل لديكَ عمل آخر غير الكتابة؟
الكـاتـب:	بالطبع لا.. وأنتِ تعرفين ذلك جيداً.
الـزوجـة:	وأنا؟ ماذا أعمل؟
الكـاتـب:	ما علاقة هذا بالأمر!
الـزوجـة:	أجبني فحسب.
الكـاتـب:	أنتِ طبيبة.
الـزوجـة:	ليس هذا فحسب.
الكـاتـب:	ماذا تعملين أيضاً؟
الـزوجـة:	أنا زوجة كاتب مشهور، (ترقق نبرتها) وسيم،

متأنق رغم انشغاله الدائم، يكتب طوال الوقت، وليس في قاموسه كلمة عطلات، لدرجة أنه لا يجد وقتاً للخروج مِن غرفة مكتبه.. (تعود نبرتها للجدية) كذلك أنا أم لطفل في الحادية عشر وطفلة في التاسعة.. عندما أكون موجودة في المنزل أذاكر لهما الدروس، وأطهو لهما الطعام.. مع ذلك أجد الوقت المناسب للقراءة ولمشاركة زوجي العزيز ما يكتب. كل هذا لا يجعلني أغفل الذهاب إلى صالة الرياضة لأحافظ على صحتي ورشاقتي، مقتنصة وقت ذهابي مع طفلتي إلى تمارين السباحة مرتين في الأسبوع، ومع طفلي إلى تدريب كرة القدم ثلاث مرات في الأسبوع.

<table>
<tr><td>(يتنحنح) مممم.. ثم ماذا؟</td><td>الكـــاتـــــب:</td></tr>
</table>

الكـــاتـــــب: (يتنحنح) مممم.. ثم ماذا؟

الـزوجـــة: تخيَّل أنني أفعل كل ذلك بحبٍّ، ولا أتوانى عن فعله.. (تتنهد) الثمرة تستحق كل هذا الصبر مني.

الكـــاتـــــب: (في تردد) أعتقد.. أنني بدأتُ أدرك قصدكِ!

الـزوجـــة: (بنبرة حنونة) يجب عليكَ أن تصبر.. (بنبرة خطابية) «لا تتخذ قراراً وأنتَ غاضب، ولا تقطع وعداً وأنتَ سعيد».. ألستَ دوماً معجباً بهذه المقولة؟.. أعد دراسة أبطالكَ، وترفَّق بهم، (تقترب من وجهه كأنها تغويه، تهمس) يجب

أن يكون هناك ضوء ولو طفيفاً في نهاية النفق الطويل المظلم..

الـكــاتـــب: أي ضـوء؟!.. هل حقاً تتذكرين الأحـداث منذ البداية وحتى الآن؟

الـزوجـــة: (تومئ، ولكن تقول بإصرار) الأمل..

الـكــاتـــب: (يلجأ إلى كرسيه ليبتعد عنها) عن أي أمل تتحدثين؟ سياق الحدوتة لا يسمح بـ.....

الـزوجـــة: (تقاطعه في رجاء وهي تميل نحوه) نهاية واحدة سعيدة.. تزرع الأمل في قلوب الشاهدين..

الـكــاتـــب: (يرجع بكرسيه إلى الوراء مبتعداً عنها قليلاً) هل مرَّت عليكِ كل السرديات التي نقشها البشر على الحجارة، على مَرِّ تاريخ البشرية، فوجدتِ تلك النهايات السعيدة التي تتحدثين عنها؟.. راغناروك.. الدينونة.. هرمجدون.. لا توجد نهايات بشرية سعيدة في أي حكاية باقية..

الـزوجـــة: (تبتعد معتدلة وتردُّ في حزم) ليس عليكَ أن تفعل مثلهم.. أليس منصفاً للحياة أن يكون الكاتب في بعض الأحيان سويّاً؟!..

الـكــاتـــب: ماذا تقصدين؟

الـزوجـة: أنتَ تعي جيداً ما أقصد.. ليس هكذا يجب أن تصير الأمور..

الكـاتـب: لا أفهم!

الـزوجـة: لا تنجرف إلى الدستوبيا.. العالم قاتم بما يكفي.. جمهوركَ يستحق نهاية سعيدة..

الكـاتـب: لقد وصلَت الأحداث إلى نقطة اللا عـودة.. لا أستطيع..

الـزوجـة: تستطيع..

الكـاتـب: لا لا .. لا أستطيع. هل تطلبين مني السقوط في منحدر «الجمهور يريد ذلك»؟!

الـزوجـة: بل أعرف أنكَ تستطيع صنعها بعلياء وليس بسقوط..

الكـاتـب: وكيف؟

الـزوجـة: أعرفكَ أكثر مما تعرف نفسكَ.. أؤمن بكَ حتى النخاع.. هل يصعب على عبقري أن يصنع نهاية سعيدة؟

الكـاتـب: (يقوم من مكانه ويطل على المسرح من تحته ثم يتنهد) أعدكِ أنني سأفكّر في الأمر.

الـزوجـة: بل عدني أن تصنع الأمر كما ينبغي.. يتوجَّب عليكَ أن تفعل.

الكـاتـب: (يشير بيديه معاً أن كفى) هل لي بفنجان مِن القهوة؟

الـزوجـة: لا.. حالتكَ النفسية لا تسمح بذلك.

الكـاتـب: ماذا سأشرب إذن؟ أريد أن أفكر في اقتراحكَ المستحيل هذا!

الـزوجـة: (في دلال) هل تعرف دور شاي الماتشا في تحسين الحالة النفسية؟

الكـاتـب: لا.. ولا أعرف شاي الماتشا، سمعتُ فقط أن الزنجبيل يفعل ذلك..

الـزوجـة: ستعرفه بعد قليلٍ، ولنعقد رهاناً، أيهما أقوى تأثيراً، الماتشا أم الزنجبيل.

الكـاتـب: (يضحك) حقاً؟

الـزوجـة: عليكَ أن تثق بي.

(تذهب الزوجــة، ويظل الكاتب في مكانه يطل على أبطاله ويتحدث شفوياً دون أن يكتب، بينما يخفت ضوء المســرح بالأســفل ويدخل ظل غير

واضـح الملامـح، يدور حـول نفسـه بينما يعلو
صوت الكاتب وهو يحادث ذلك الظل).

الكـــاتـــب: خدعهم الأنف المعلق بالأسلاك.. يظن الناصح
الآن أنكَ ميّت.. الآن تثبت لنفسك أنكَ أقوى مما
كان يُخيَّل إليكَ.. أين فتاتكَ؟

(تدخل الفتاة، يعرفها الجمهور من ثوبها البرتقالي
اللامع المنفوخ، لكن خطوتها هذه المرة خفيفة بلا
صـوت، تجري نحو الظل فتقف أمامه لحظة، ثم
يرفعان أيديهما وتتشابك أصابعهما، ويثبتان على
هذا الوضع).

الكـــاتـــب: هذه الفتاة تحبكَ.. كل ما كنتَ تحتاجه هو بعض
الحب.. أو أن تتمكن مِن رؤية الحب ولا تضيّعه
مِن يدكَ.. (الكاتب يصيح مشيراً إلى (مهرج
2#)، الذي يرفع رأسه إليه) والآن، هل تريد
أن تبقى معها، أم أن تصحبها معكَ في محاولة
جديدة؟

((مهرج 2#) يجذب الفتاة، ليجلسـا على الأرض
معـاً، ويـزداد الضـوء تدريجياً على المسرح،
ويدخـل (مهـرج 3#) ليفاجأ بهما أمامـه، فيقفز
ويتشقلب ويقول في مرح).

مـهـرج #3:	سنكون ثنائياً مختلفاً جداً، وسنبتكر عرضاً يناسبنا..

(يدخـل (مهـرج #1) يسـتطلع ما يحـدث، يقف لحظـة متفاجئـاً، ثم يخلع القناع مـن على وجهه تماماً، ويرميه عالياً ليسقط في الصندوق الكبير، ويظهر وجهه مـن تحته مطلياً بكامله بالأبيض.. يأخـذ في الضحك، ويمسـك بيـدي (مهرج #3) ويدوران حول نفسيهما).

مـهـرج #3:	(يصيح مكرراً) ياااااه.. ياااااه.. يااااااااه.. (يغني في مرح) سوف أحب البيتزا..

(ترتفع الإضاءة بالأعلى، وتدخل زوجة الكاتب، فترى ما يحدث على المسرح، يلتفت إليها الكاتب يحدثها بحماس)..

الـكـاتـب:	بعض الحُب أعظم أثراً مِن الكونتيسة ومِن ذي الأنـف الأكبر يا عزيزتي، هل ترضيكِ هذه النهاية؟

(الزوجة تلتصق بزوجها، وتسند رأسها إلى كتفه وعلى وجهها ابتسامة كبيرة يبادلها إياها).

(ستـار)

الفهرس